BOEKANALYSE

Tijd voor verontwaardiging!

Stéphane Hessel

BOEKANALYSE

Geschreven door Nasim Hamou
Vertaald door Nikki Claes

Tijd voor verontwaardiging!

Stéphane Hessel

STÉPHANE HESSEL

FRANSE SCHRIJVER EN DILOMAAT

- **Geboren in Berlijn in 1917.**
- **Overleden in Parijs in 2013.**
- **Opmerkelijke werken**:
  - *Danse avec le siècle* ("Dans met de eeuw", 1997), autobiografie
  - *Tijd voor verontwaardiging!* (2011), essay
  - *Engagez-vous!* ("Doe mee!", 2011), interview

Stéphane Hessel was een Franse schrijver, diplomaat en politiek activist, geboren in 1917 in Berlijn. Hij verhuisde in 1925 naar Frankrijk en werd in 1937 Frans staatsburger. In 1941 sloot hij zich aan bij de Vrije Franse Strijdkrachten van Charles de Gaulle (1890-1970), maar hij werd aangeklaagd en gearresteerd door de Gestapo op 10 juli 1944, nadat hij was teruggekeerd om communicatienetwerken van het Verzet in Frankrijk te organiseren. Hij wist echter te ontsnappen uit het concentratiekamp Mittelbau-Dora.

In 1946 werd hij diplomaat. Zijn eerste functie bij de Verenigde Naties gaf hem de kans om deel uit te maken van de commissie die de Universele Verklaring van de Rechten van de Mens moest opstellen. Gedurende zijn hele carrière streed hij tegen onrechtvaardigheid, waarbij hij het geweld van de Israëlische regering, de behandeling van immigranten zonder papieren en de meer onaangename kanten van de moderne samenleving aan de kaak stelde.

Hij stierf in Parijs in 2013.

TIJD VOOR VERONTWAARDIGING!

VERZET TEGEN HET ONRECHT EN DE ONWETTIGHEID VAN DE SAMENLEVING

- **Genre**: politiek essay
- **Referentie uitgave**: Hessel, S. (2011) *Tijd voor verontwaardiging*. Trans. Searls, D. Londen: Quartet Books.
- **Eerste druk**: 2011 (eerste Franse editie verscheen in 2010)
- **Thema's**: verzet, ongelijkheid, engagement, geweldloosheid

Tijd voor verontwaardiging! is een essay uit 2010. Hierin verdedigt de auteur het idee dat verontwaardiging de katalysator van verzet is en roept hij de wereld op een vreedzame revolutie te beginnen. Hij richt zich op een reeks ernstige problemen, waaronder de groeiende ongelijkheid tussen arm en rijk, de toestand van de planeet, overconsumptie, de dictatuur van de financiële markten en andere ernstige kwesties.

Het essay werd al snel een uitgeversfenomeen. Het succes houdt verband met de persoonlijkheid en het charisma van de auteur, de geringe omvang en de lage prijs. Socioloog Edgar Morin beschreef het enthousiasme van de lezers voor het boek als het teken van het "publieke ontwaken van een volk dat tot nu toe zeer passief was".

SAMENVATTING

EEN VASTSTELLING VAN FEITEN BIJ WIJZE VAN INLEIDING

De jaren van verzet en het door de Nationale Raad van Verzet in 1944 opgestelde programma dienden als basis voor Hessel's politieke engagement. De Raad stelde een lijst van beginselen en waarden voor die in een bevrijd Frankrijk het fundament van de moderne democratie zouden moeten vormen. De diplomaat maakte de terechte opmerking dat de ware erfgenamen van de Nationale Verzetsraad bepaalde veranderingen in de moderne samenleving niet zouden tolereren.

Het programma bepleitte een uitgebreid plan voor sociale zekerheid, de renationalisatie van de belangrijkste productiemiddelen (zoals energie, de banken en de producten van de arbeid) die voorheen door particuliere ondernemingen waren gemonopoliseerd, en de instelling van een echte economische en sociale democratie, waarbij de belangen van de velen vóór die van de enkelingen komen, alsmede een eerlijke herverdeling van het geld dat met arbeid wordt verdiend. De Raad eiste vrijheid, eer en onafhankelijkheid van de pers ten opzichte van de staat, financiële macht en buitenlandse invloed. Hij eiste respect voor het ideaal van het republikeins onderwijs door een zo hoog mogelijk ontwikkeld onderwijs voor alle Franse kinderen te eisen. Hessel meent echter dat deze sociale verworvenheden in de 21ste eeuw zijn ondermijnd.

VERONTWAARDIGING INSPIREERT VERZET

De macht van het geld is nog nooit zo groot geweest. Het ontbreekt de staat aan geld om de kosten van sociale programma's te dekken, terwijl de productie van rijkdom sinds het einde van de Tweede Wereldoorlog (1939-1945) aanzienlijk is toegenomen. Deze paradox wordt veroorzaakt door de privatisering van de banken, die zich nu alleen nog bekommeren om hun eigen winst ten koste van het algemeen belang, waardoor de kloof tussen de rijksten en de armsten groter wordt. Concurrentievermogen corrumpeert de moderne wereld. De huidige internationale dictatuur van de financiële markten bedreigt de vrede en de democratie. Deze situatie stimuleert verontwaardiging en daarmee de wil tot verzet voor meer rechtvaardigheid en vrijheid.

TWEE VISIES OP DE GESCHIEDENIS

Geïnspireerd door Sartre (Frans filosoof, 1905-1980) ziet Hessel de menselijke verantwoordelijkheid als oneindig. De mens kan zich niet tot God of een andere macht wenden om zijn engagement te bepalen. Hij is zijn eigen meester.

Ook Hegel (Duits filosoof, 1770-1831) heeft de diplomaat beïnvloed, met name met zijn visie op de geschiedenis, die hij beschouwt als een reeks stadia die leiden naar een uiteindelijke betekenis. Hij verdedigt het idee dat de mens gestaag vordert naar de totale vrijheid, dat wil zeggen een tijdperk waarin de democratische staat in zijn ideale vorm zal worden bereikt. De reis is bezaaid met de ene strijd na de andere, die moet worden gezien als een uitdaging om aan te gaan.

ONVERSCHILLIGHEID: DE ERGSTE HOUDING

De mens is van nature begiftigd met het vermogen om woedend te worden, en dus geëngageerd. Onverschillig zijn betekent afstand doen van zijn menselijkheid. Maar de complexiteit van de wereld en de vaagheid van de redenen om verontwaardigd te zijn, ontmoedigen het initiatief tot verzet. Wie is verantwoordelijk? Wie beslist? Waarom is zo'n alarmerende situatie ontstaan? Volgens de diplomaat is de kop in het zand steken de slechtst denkbare houding.

TWEE NIEUWE PROBLEMEN

Hessel signaleert twee belangrijke nieuwe problemen:

- De kloof tussen de allerarmsten en de allerrijksten, die gedurende de hele 20ste eeuw en aan het begin van de 21ste eeuw steeds groter is geworden, moet worden gedicht.

- Mensenrechten en de toestand van de planeet. De niet-gouvernementele organisaties (de Internationale Federatie voor de Mensenrechten, Amnesty International, enz.) die zijn ontstaan om de naleving van de Universele Verklaring van de Rechten van de Mens af te dwingen, zijn bijzonder doeltreffend. Wij moeten gebruik maken van de moderne communicatiemiddelen en in een netwerk optreden. Om ons heen zijn er vele redenen om verontwaardigd te zijn over de veronachtzaming van de rechten waar wij allen recht op hebben. De tendens om immigranten, zowel met als zonder papieren, en de Roma-gemeenschap met argwaan te bekijken is bijvoorbeeld een bron van verontwaardiging.

VERONTWAARDIGING OVER PALESTINA

De door de Verenigde Naties opgezette Palestijnse vluchtelingenkampen bieden onderdak aan meer dan 3 miljoen Palestijnen die door Israël uit hun thuisland zijn verdreven. Gaza lijkt nu meer op een gevangenis dan op een stad, een plek waar je voorbereid moet zijn als je wilt overleven. De materiële vernietiging en het verlies aan mensenlevens zijn onmetelijk. De Gazanen bevinden zich geïsoleerd en geblokkeerd. Het terrorisme van Hamas is een bijna natuurlijke vorm van ergernis over het geweld dat de Palestijnen wordt aangedaan. Toch is het niet aanvaardbaar en zal het niet goed aflopen.

GEWELDLOOSHEID:
HET PAD DAT WE MOETEN LEREN VOLGEN

De enige weg vooruit is geweldloosheid en interculturele harmonie. Geweld is niet effectief en brengt geen verandering. Verandering ten goede kan alleen tot stand komen als we de instrumenten van hoop en geweldloosheid gebruiken. Hessel citeert Sartre om zijn punt kracht bij te zetten:

> *"We moeten proberen uit te leggen waarom de wereld van vandaag, die verschrikkelijk is, slechts een moment is in een lange historische ontwikkeling, dat hoop altijd een van de dominante krachten van revoluties en opstanden is geweest, en hoe ik nog steeds het gevoel heb dat hoop mijn opvatting van de toekomst is" (p. 18).*

Geweld verwerpt de hoop op onderhandelingen, die een einde zouden maken aan de onderdrukking. De wereld moet erin slagen de confrontatie van ideologieën en uitdagend totalitarisme achter zich te laten dankzij wederzijds begrip en waakzaam geduld. Om dit te bereiken moet elke schending van rechten ons verontrusten.

NAAR EEN VREEDZAME OPSTAND

De dreiging van de barbarij is niet helemaal verdwenen, en de moderne samenleving is gebaseerd op massaconsumptie, minachting voor de cultuur en de zwakken, wijdverbreid geheugenverlies en extreme concurrentie. Onrechtvaardigheid is in de 21e eeuw nog steeds aan de orde van de dag. Ethische en juridische overwegingen moeten echter prevaleren. Een echt beleid voor het behoud van de planeet is noodzakelijk, evenals de invoering van een nieuw ontwikkelingsbeleid . We moeten altijd blijven hopen. Hessel roept op tot een echte revolte en besluit zijn essay met de woorden: "Creëren is weerstand bieden. Verzetten is creëren" (p. 19).

CONTEXT

Time for Outrage! werd voor het eerst gepubliceerd in december 2010 in de vorm van een essay van 30 pagina's door Indigène Editions, opgericht in 1996 door Sylvie Crossman en Jean-Pierre Barou. Door de context van de economische en sociale crisis werd het een bestseller.

Tijd voor verontwaardiging! maakte heftige reacties los en werd al snel het ideale kerstcadeau voor de Fransman die zich zorgen maakt over zijn toekomst. Hessel wilde een oproep doen om niet alleen in opstand te komen, maar ook om moedig te zijn, en om ons eraan te herinneren dat het vermogen om verantwoordelijkheid te nemen en te dragen deel uitmaakt van de menselijke waardigheid, tegen het einde van zijn leven, als een laatste wil en testament waarin hij ons aanspoort om zijn "werk van verzet voort te zetten om de naleving van het programma van de Nationale Raad van het Verzet te verzekeren". De moderne wereld is complex en de redenen om verontwaardigd te zijn zijn minder duidelijk dan ten tijde van het nazisme. In zijn essay belicht Hessel echter de belangrijkste redenen voor verontwaardiging en geeft hij een ruwe schets van hoe deze op te lossen door in een netwerk op te treden.

ANALYSE

WAT MAAKT EEN UITGEVERSFENOMEEN?

Time for Outrage! verkocht meer dan 950 000 exemplaren in tien weken, wat het tot een echt uitgeversfenomeen maakt. Wat zijn de redenen voor dit succes?

- Hessel's persoonlijkheid. Het succes van het essay kan gedeeltelijk worden verklaard door zijn persoonlijke uitstraling en zijn buitengewone leven. Een groot verzetsstrijder tijdens de nazi-bezetting, een humanistische figuur aan de Franse linkerzijde, een overlevende van het concentratiekamp Mittelbau-Dora, een van de opstellers van de Universele Verklaring van de Rechten van de Mens, een hoge ambtenaar, diplomaat en ambassadeur van Frankrijk, Hessel was zijn hele leven een waardige vertegenwoordiger van het ideaal van het verzet. Bewonderenswaardig zijn ook de gevechten die hij voerde voor de mensenrechten, voor dekolonisatie en tegen onrecht in welke vorm dan ook. Zijn vitaliteit, zijn vriendelijkheid en zijn sympathieke karakter maakten van hem een *unifier*, een goede man die mensen wilden volgen. Bovendien maakte zijn hoge leeftijd hem wijs. Het publiek kon zich niet voorstellen dat hij misleid kon zijn.

- De lage prijs (3 euro) en het korte formaat (30 bladzijden) maakten het manifest toegankelijk voor zoveel mogelijk mensen.

- De sociaaleconomische situatie van Frankrijk en de regering van Nicolas Sarkozy (2007-2012). Het succes kan ook worden gezien als een reactie op de regering-Sarkozy, die door sommige van haar beleidsmaatregelen niet populair was. Twee van de vele voorbeelden zijn de pensioenhervormingswet die door de president van de Republiek werd uitgevaardigd en op 10 november 2010 in het *Journal Officiel* (staatsblad van de Franse Republiek) werd bekendgemaakt, waarbij de pensioengerechtigde leeftijd van 60-65 jaar werd opgetrokken tot 62-67 jaar, en het beleid van massale repatriëring, vrijwillig of onvrijwillig, van in Frankrijk wonende Roma naar Roemenië en Bulgarije. Dit beleid is volstrekt illegaal, omdat een land volgens het Europees recht geen burgers uit lidstaten mag uitzetten, en deze massale uitzetting van Roemenen is als discriminerend beoordeeld.

KRITIEK

Het essay van Hessel kreeg niet alleen lof maar ook een reeks kritieken van bepaalde denkers, waaronder Boris Cyrulnik, Luc Ferry en Pierre Assouline. Het essay werd soms verkeerd begrepen en omschreven als "overschat" of "zijn succes niet verdienend"; sommigen verklaarden zelfs dat het symbolisch was voor het Franse volk, leunstoelrevolutionairen die dorsten naar "lege" gedachten. Wat werd de auteur precies verweten?

- Hessel zou anti-Israëlische sentimenten aanwakkeren. Hij is bekend omdat hij heeft opgeroepen tot een boycot van Israëlische producten, en twee pagina's in het korte boek zijn gewijd aan het Israëlisch-Palestijnse conflict, waarbij

Hessel terugkomt op zijn tijd in Gaza in 2009 na de Israëlische "Operatie Gegoten Lood" (2008-2009). Hoewel hij erkent dat terrorisme onaanvaardbaar is, schrijft de auteur dat de bloedige daden van Hamas begrijpelijk en bijna natuurlijk zijn, in die zin dat ze een reactie zijn op het isolement en de blokkade van de Gazanen.

- Hessel ontkent dat zijn veelvuldig gebruik van het voorbeeld van Israël om het geweld in de wereld aan de kaak te stellen, is ingegeven door anti-Israëlische gevoelens. Hij kiest dit voorbeeld omdat Israël weliswaar lid is van de Verenigde Naties, maar de besluiten van de VN niet respecteert. Dit is ook de reden voor Hessels diepe genegenheid voor het volk van Israël. Hij was aanwezig bij de oprichting van de staat en wil deze meer dan wat ook ter wereld zien slagen. Hij wil dat het land dat hem zo dierbaar is een vreedzame plaats wordt. Het volk van Israël zou veiliger zijn als de Israëli's zouden samenwerken met de Palestijnen en zouden stoppen met het bouwen van muren op land dat hun niet toebehoort. Hessel koestert geen haat tegen Israël. Hij is er vele malen geweest en vindt het een prachtig land, waar opmerkelijke vooruitgang wordt geboekt op het gebied van landbouw, technologie en onderzoek, maar hij vindt dat de Israëli's zich laten vangen in angst, die geweld veroorzaakt.

- Verontwaardiging is de eerste fase van blind engagement. Wat is het nut van verontwaardiging als het alleen maar leidt tot machteloosheid? De 'realisten' vinden het te gemakkelijk om te hekelen zonder enige vorm van oplossing voor te stellen. Zij beweren dat we moeten redeneren en niet verontwaardigd moeten zijn: het echte leven is veel ingewikkelder. Woede is het antwoord van de onverantwoordelijken.

- Revolutionair Links vindt dat verontwaardiging niet genoeg is: het is onbevredigend. De "agitatoren" rekenen op de terugkeer van de oude woede van het volk. De vonk van de revolutie is belangrijker dan de verontwaardiging en moet levend worden gehouden tegen alle gevestigde orde.

- Verontwaardiging is prima, maar we komen nergens als we niet ook oproepen tot empowerment. Samenlevingen lopen altijd het risico te vergeten een evenwicht te vinden tussen bescherming door de staat en de ontwikkeling van een geest van verantwoordelijkheid. De maatschappelijke vraag zou veel rechtvaardiger zijn als zij niet alleen om meer bescherming en meer sociale rechten zou vragen, terwijl zij alleen rekening houdt met de belangen van het individu en de solidariteit negeert. De eis van elk individu dat de samenleving risico's voorkomt, is van dien aard dat hij ons gevoel van verplichting uitwist om de band te aanvaarden die ieder van ons met de andere leden van onze samenleving verbindt. Het is tijd voor verontwaardiging, maar we moeten er verantwoordelijk mee omgaan. De maatschappelijke vraag moet worden ondersteund door verantwoordelijkheid van de burger, een noodzaak die Hessel in zijn essay niet noemt.

- Bepaalde passages in het boek zouden fouten bevatten. Het Ontwikkelingsprogramma van de Verenigde Naties (UNDP) schat dat het aantal mensen dat van het equivalent van minder dan een dollar per dag moet rondkomen, tussen 1990 en 2000 met ongeveer 250 miljoen is gedaald.

Het zou dus onjuist zijn te beweren dat de kloof tussen arm en rijk blijft toenemen.

- We moeten verder gaan dan de simpele verheerlijking van de prestaties van het verzet in het verleden. Het sociale model moet zich aanpassen aan de globalisering. De waarden die ten tijde van de bevrijding werden voorgestaan, zijn nu verouderd en kunnen niet voldoen aan de verwachtingen van de moderne wereld.

- Hessel stigmatiseert, en zijn essay mist nuance. Een voorbeeld hiervan is het probleem van de financiering van de pensioenen, dat eerder te wijten is aan de stijging van de levensverwachting dan aan een asociaal beleid. De oorzaken van de wereldproblemen zijn talrijk en kunnen niet alleen worden toegeschreven aan slecht politiek beheer of de dictatuur van de wereldmarkt.

DE BOODSCHAP

Hessel werpt zich op als een morele figuur van links, iemand die degenen kan verenigen die denken dat verontwaardiging een kostbare deugd is, een gevoeligheid die moet worden gecultiveerd tegenover de massa's afgestompten en onverschilligen. Hij weet dat verontwaardiging alleen niet genoeg is. Een beleid van verontwaardiging zou een schijnvertoning zijn, volledig verwijderd van realiteit en actie. Het is echter ook zinloos om te proberen een beleid te creëren zonder woede en verontwaardiging. Het is soms een goed idee om het veld van de koude passies te verlaten.

De titel *Time for Outrage!* schalt als een trompet om ons te laten zien waarover we verontwaardigd moeten zijn en wat we aan de kaak moeten stellen. Het is een uitgangspunt dat moet leiden tot een politieke manier van denken.

Hessel denkt dat we in een regressieve tijd leven. Republikeins Frankrijk is in een zorgelijke staat. De mensen sterven. Links verzwakt. Ruzies en persoonlijke ambities regeren de wereld. Ideeën zijn gecorrumpeerd. Maar de ambitie om in opstand te komen is bijna overal aanwezig. Het essay is een oproep tot bezinning en engagement: we moeten ons engageren, we kunnen niet stil blijven zitten. We leven in een geglobaliseerde samenleving waar problemen elkaar overlappen, waar de ene kwestie niet kan worden opgelost zonder eerst een andere op te lossen. We hebben een nieuwe politieke manier van denken nodig, die niet gebaseerd is op een eerder beleid. De uitdagingen van de moderne wereld zijn uitdagingen die samenlevingen overal ter wereld gemeen hebben. Deze vernieuwing van het politieke denken vereist politieke inventiviteit. Hessel roept ons op ons te mobiliseren om een nieuwe mondiale samenleving op te bouwen die vier grote uitdagingen aankan:

- **Het in twijfel trekken van het economisch systeem**. De huidige internationale dictatuur van de financiële markten moet worden omvergeworpen, zodat de belangen van velen boven die van enkelen worden gesteld en de rijkdom gelijkelijk over iedereen wordt verdeeld. De kloof tussen arm en rijk moet kleiner worden.

- **Het einde van het Israëlisch-Palestijnse conflict**. "Dat Joden zelf oorlogsmisdaden plegen is onaanvaardbaar. Helaas geeft de geschiedenis weinig voorbeelden van mensen die lering trekken uit hun eigen geschiedenis" (p. 18). Hessel veroordeelt "Operation Cast Lead" en alle andere vormen van geweld van Israël tegen het Palestijnse volk. Hij verlangt naar vreedzame, interculturele harmonie.

- **De keuze voor geweldloosheid**. De toekomst is aan geweldloosheid. Sommige gewelddaden zijn weliswaar begrijpelijk, maar daarom nog niet minder verwerpelijk. Woede en ergernis, die sommigen tot terrorisme aanzetten, moeten vervangen worden door hoop op compromis en harmonie. Hessel ontwijkt Sartres vraag over de veroordeling van terroristen door te stellen dat geweld niet effectief is.

- **Het stoppen van het verval van de 21ste eeuw**. 9/11, president George Bush, de oorlog in Irak en de gebeurtenissen in Frankrijk onder de regering Sarkozy zijn allemaal tekenen van het verval van onze samenleving. We moeten blijven hopen op een einde van deze verschrikkingen en daarnaar handelen.

WETTIGHEID EN LEGITIMITEIT

Hessel maakt een fundamenteel onderscheid tussen legaliteit en legitimiteit. Burgerlijke ongehoorzaamheid is een risico dat we moeten durven nemen als we er werkelijk van overtuigd zijn dat wettigheid in strijd is met legitimiteit. Wanneer we geloven dat legitieme waarden door de wet in twijfel worden getrokken, moeten we ongehoorzaam zijn. Wij moeten het risico lopen mishandeld te worden als de overheid niet inziet dat legitieme waarden gerespecteerd moeten worden. Het plegen van illegale handelingen die wij legitiem achten in naam van de fundamentele waarden van de Franse Republiek is een noodzakelijke overtreding en dient als een bewustwording. Elke verandering begint met de actie van een minderheid, van een tendens die, als zij vruchtbaar is, zich vervolgens kan verspreiden en de wind van de verandering kan doen opsteken. Het verschijnen van het onverwachte is buitengewoon en doet het onwaarschijnlijke in onze hoop doordringen, want als we niets doen om de huidige gang van zaken te veranderen, lopen we het risico van een catastrofe.

In de jaren veertig betekende wettigheid het Vichy-regime. Hessel was ertegen omdat hij vond dat het indruiste tegen de waarden die hij als fundamenteel en legitiem beschouwde.

Hij wijst op de effectieve verontwaardiging van de jeugd van tegenwoordig in de Tunesische revolutie als voorbeeld: Mohamed Bouazizi (een reizende koopman uit Tunesië die de katalysator was voor de Arabische Lente, 1984-2011) stak zichzelf in brand voor het kantoor van de gouverneur in de Tunesische stad Sidi Bouzid om te protesteren tegen gruwelijke leefomstandigheden. Zijn acties veroorzaakten een golf van sociale onrust en een revolutie tegen het onderdrukkende regime van president Zine al-Abidine Ben Ali (aan de macht van 1987 tot 2011). De wanhoopsdaad van één persoon leidde dus tot een massale opstand tegen de tirannen aan de zuidkust van de Middellandse Zee. Schande over de schending van sociale rechten kan dus verandering teweegbrengen.

EEN TEKST VAN OVERDRACHT

Tijd voor verontwaardiging! ontstond met een toespraak die Hessel op 17 mei 2009 hield voor 4000 mensen. Het was opgedragen aan de verzetsstrijders van vandaag en gisteren als reactie op een korte toespraak van Nicolas Sarkozy op het Plateau van Glières, een belangrijke plek van het Franse verzet, die Hessel beschouwde als een poging om het verzet te gebruiken voor politieke doeleinden. Deze toespraak zaaide de eerste zaden van wat uiteindelijk *Tijd voor verontwaardiging!*

Hessel presenteert zich als een oudere, een man die bijna een eeuw oud is en die veel heeft bereikt. "Drieënnegentig jaar. Ik nader de laatste fase. Het einde kan niet ver meer zijn" (p. 15). Hij is ook een voormalig verzetsstrijder die de Tweede Wereldoorlog heeft meegemaakt en een actieve rol heeft gespeeld in de verzetsacties van Vrij Frankrijk. Bovendien heeft hij de eer lid te zijn geweest van de Nationale Raad van het Verzet. Hij was ook betrokken bij de redactie van de Universele Verklaring van de Rechten van de Mens. Door zich op deze manier voor te stellen en zijn essay te beginnen met zijn leeftijd en zijn verwezenlijkingen, krijgen we een concreter beeld van de man zelf, die nog aanweziger wordt dan zijn boodschap. Het gebruik van de eerste persoon enkelvoud en de verwijzingen naar het verleden van de auteur benadrukken dit punt. *Tijd voor actie! is* geen onpersoonlijk essay, maar de woorden en idealen van Stéphane Hessel: een oude man, een verzetsstrijder en een diplomaat. Zijn persoonlijkheid klinkt door in elk woord dat we lezen.

De auteur richt zich rechtstreeks tot de jonge generatie, "tot jullie die de eenentwintigste eeuw zullen creëren" (p. 19). Hessel meent dat het tijd is dat jongeren verontwaardigd raken in een zorgwekkende wereld waarin de redenen daarvoor minder duidelijk en moeilijker dan ooit tevoren vast te stellen zijn. Zoals de titel suggereert, is het essay een oproep om verontwaardigd te worden, een oproep aan de jongeren tot wie hij zich in de tekst richt. Hessel wekt vertrouwen in deze jonge generatie die gebukt gaat onder werkloosheid en gebrek aan perspectief en die geen vertrouwen heeft in de traditionele politiek. Hessel is namelijk geen politicus: hij streeft geen politieke positie na, zeker niet op zijn leeftijd, en lijkt niet gedreven door een verlangen naar succes.

Daarnaast geeft hij aan welke gevechten moeten worden geleverd. Hij doet veel moeite om de macht van het geld, de hebzucht van de banken, de steeds groter wordende kloof tussen arm en rijk, de behandeling van immigranten, in het bijzonder immigranten zonder papieren en Roma, en het Israëlisch-Palestijnse conflict aan de kaak te stellen. Hij trekt een parallel tussen deze uitdagingen en die waarmee hij in het verleden werd geconfronteerd: "Wanneer iets je verontwaardigt, zoals het nazisme mij deed, dat is wanneer je een militant wordt, sterk en geëngageerd" (p. 16).

VERONTWAARDIGING OF OPSTAND?

Hoewel de titel sterk is, zijn er toch problemen. Hoe kunnen we het idee van verontwaardiging bevorderen? Waarom praten we niet over rebellie? Opstand? Protest?

Het begrip geweldloosheid is erg belangrijk voor Hessel, en hij geeft het laatste deel van zijn werk de titel "Toward a Peaceful Insurrection", een oxymoron dat boekdelen spreekt over hoe Hessel zich de toekomst van deze strijd voorstelt. In zijn ogen is geweld zinloos en leidt het nergens toe. "Bij verontwaardiging […] hoort een mate van agressiviteit die niet mag worden omgezet in een gewelddadige revolutionaire wil", stelt hij. Geweldloze actie kan het antwoord bieden op de problemen die we kennen, en Hessel gebruikt de vreedzame protesten van de burgers van het Palestijnse dorp Bil'in (succesvolle vreedzame protesten tegen de bouw van kolonies) om zijn woorden te illustreren: "men zou in verlegenheid moeten worden gebracht door hoe effectief [geweldloosheid] is in het verwerven van de steun en het begrip van elke vijand van onderdrukking in de wereld" (p. 19).

Verontwaardiging is geen doel op zich. "Nadat je verontwaardigd bent geraakt, moet je je inzetten", verklaarde Hessel in 2011 op de Franse nieuwszender France 24. Hij ziet verontwaardiging als een basis, een fundament om je engagement op te bouwen. Daarom heeft hij een hekel aan onverschilligheid: het elimineert elke mogelijkheid om tegen onrecht te vechten.

We moeten ons toch vragen stellen bij het begrip verontwaardiging. Hessel ziet het als een middel tot een doel, een zeer menselijke reactie (vooral omdat het, zoals hij het ziet, een gevolg is van menselijkheid), die mensen aanzet tot meer empathie en het in opstand komen tegen onrecht en verschrikking. In dit verband verwijt de literaire criticus Pierre Assouline Hessel dat hij mensen ertoe aanzet zich in het heetst van de strijd te engageren in plaats van de tijd te nemen om er eerst over na te denken. Hierop zou kunnen worden geantwoord dat verontwaardiging, vanwege de menselijke dimensie ervan, meer een emotie is dan een gedachte (het *Oxford Woordenboek* definieert verontwaardiging als "Een extreem sterke reactie van woede, schok of verontwaardiging").

Naast het commerciële succes had het essay ook een diepgaande invloed op veel mensen. Er zijn hele bewegingen ontstaan rond de tekst. Een week nadat de Engelse versie van het essay in New York was verschenen, werd de stad bijvoorbeeld het startpunt voor de "Occupy Wall Street" demonstratie (hoewel de beweging was ontstaan voordat het essay was gepubliceerd); in Spanje noemden demonstranten zich "Los Indigados", gebaseerd op de titel van de Spaanse versie van het essay; in Tunesië hadden veel revolutionairen *Time for Outrage!* online gelezen. Het essay is dus de oproep van een oude verzetsstrijder aan een nieuwe generatie en, of je het nu eens bent met wat Hessel zegt of niet, het valt niet te ontkennen dat zijn oproep is gehoord.

VERDERE REFLECTIE

ENKELE VRAGEN OM OVER NA TE DENKEN...

- Vindt u de kritiek op het essay van Hessel terecht?

- Sommige mensen vergelijken *Time for Outrage!* met het *Communistisch Manifest*. Denkt u dat deze vergelijking enige waarde heeft?

- Kan het essay van Hessel volgens u gebruikt worden ter ondersteuning van rechts? Motiveer uw antwoord.

- Valt *Time for Outrage!* onder een bepaald genre? Zo nee, waarom? Zo ja, welk genre?

- Voor Hessel is verontwaardiging het fundament van de menselijke waardigheid. Reageer hierop.

- Welke verbanden kunnen we leggen tussen Sartre en het politieke denken van Hessel?

- Is Hessel tegen globalisering? Motiveer je antwoord.

- Philippe Bilger schreef in het weekblad Marianne dat "Stéphane Hessel ons het verleden presenteert als de oplossing voor de toekomst". Bent u het met hem eens?

- "Een regering heeft per definitie geen geweten." Hoe ondersteunt dit citaat van Albert Camus (1913-1960) de gedachten van Hessel?

- Denkt u dat er nog andere redenen zijn om verontwaardigd te zijn dan die welke in het essay worden besproken?

VERDER LEZEN

REFERENTIE-UITGAVE

Hessel, S. (2011) *Tijd voor verontwaardiging*. Trans. Searls, D. Londen: Quartet Books.

REFERENTIESTUDIES

Glas, C. (2011) Tijd voor verontwaardiging. *The Nation*. [Online]. [Accessed 4 April 2017]. Beschikbaar vanaf: <https://www. thenation.com/article/time-outrage/>

Sciolino, E. (2011) A Resistance Hero Fires Up the French. *The New York Times*. [Online]. [Accessed 4 April 2017]. Beschikbaar vanaf: <http://www.nytimes.com/2011/03/10/books/stepha-ne-hessel-93-calls-for-time-of-outrage-in-france.html>

*We horen graag van jou! Laat
een reactie achter op jouw online bibliotheek
en deel je favoriete boeken op social media!*

De uitgever garandeert de betrouwbaarheid van de gepubliceerde informatie, die echter niet onder zijn verantwoordelijkheid valt.

www.50minutes.com

Master ISBN: 9782808688345
Papier ISBN: 9782808699747
Wettelijk depot: D/2023/12603/1254

Omslag: © Primento

Digitaal ontwerp: Primento, de digitale partner van uitgevers.